Joachim Perinet

Arlequinaden

Joachim Perinet

Arlequinaden

ISBN/EAN: 9783743434837

Hergestellt in Europa, USA, Kanada, Australien, Japan

Cover: Foto ©Thomas Meinert / pixelio.de

Manufactured and distributed by brebook publishing software (www.brebook.com)

Joachim Perinet

Arlequinaden

Arlequinaden.

Les petits esprits sont pour l'ordinaire opiniâtres.

London, und Berlin
1787.

Lieber Leser!

Wirst vielleicht glauben, Gott weiß! was Neues zu finden, wenn Du den Titel meines Büchlein liest, und wirst, bist du ein gewöhnlicher Wiener, wie ich es wünsche, kaum den Augenblick erwarten können, wo es Dein Geschäft, oder wenn Du keines hast, Deine Faulheit zuläßt, in den Buchladen zu laufen, um Deine Neugierde zu stillen, oder über den Autor brav schimpfen zu können? Aber, Du wirst garstig betrogen, und grosse Augen machen, wenn Du Deine eigene Landsleute, oder wohl gar Dich in natura erblickst. Sei nur nicht

nicht böse, wenn Du Dich in Deiner Meinung betrügest, — Bist es ja gewohnt, auf das Eis geführt zu werden? Solltest Du aber mit mir harmoniren, nun so hab' ich einen Gönner mehr, mache einen Rundsprung und spitze meine Feder aufs neue, ja ich bin ein so guter Narr, daß ich dem, dem es nicht behagt, seine paar Kreuzer willig zurückgebe, der es mir mit Kopf und Herz-beweisen kann, daß er kein formaler Wiener sey.

Der Verfasser.

I.

Religion.

Von Kindesbeinen an war mir der tröstende Gedanke an eine heilige Religion labend und Seele stärkend: stäts hob er mein Herz zu reineren, höhern Gefühlen, immer stillten sich die unruhigen Wogen meines Gemüthes, und ich vergaß in ihrer göttlichen Betrachtung versunken, der Menschenquälen um mich her.

Mit wachsendem Alter stieg auch meine Anhänglichkeit für ihre Lehre, aber zugleich gegen ihre Ausarten meine tiefste Verachtung! Tausendmal verwünscht' ich die Schänder, die diese Tochter des Himmels nothzüchtigen und zur feilen Dirne machen, die sich den Launen eines ieden nach seiner Willkühr umgemodelt preisgiebt: laut weint' ich oft über den siebenfachen Schleier, den ihr Schwärmerei, Eigennuz, Bosheit, Rache und Mönchthum übergeworfen haben.

Herrlich wie die glänzende Sonne stieg Sie im Ersten der Menschen empor, täglich wärmte er sich in ihren freundschaftlichen Stralen, Sie war die Leiterinn seines Weges, die Gefährtinn seiner Arbeiten, und der Trost, den Sie in Ihrer Urgestalt mit sich führte, Beruhigung für seine lezte Stunde. Von ihr begleitet war sein Ende so schön wie das Ende der sinkenden göttlich=maiestätischen Sonne. Ihn quälte nicht kindische Furcht in den friedlichen Tagen seines ruhigen Lebens, noch trieb ihn furchtsames, bängliches Erwarten der Zukunft, den Angstschweis von der abblassenden Stirne. Sein Kopf war leer von thörichten Fantomen, Vorurtheile der Erziehung waren ausser ihrer Macht, und kein Schrekbild der erhizten Einbildungskraft wirrte vor seinen brechenden Augen. Ruhig wartete er den Ausgang einer Szene ab, den er weder wünschte, noch befürchtete: Sich allein überlassen unterhielt er sich hoffend mit der Zukunft, ohne Vorwurf sah er zurük auf den gegangenen Pfad: er war sich selbst genug, sich zu trösten, und brauchte nicht gedungenen Trost, den ihm sein

Herz

Herz zur Fülle reichte. Er gieng den Weg der Religion in natürlicher Einfalt, Sie war der Priester, der ihm zusprach, Sie war die Salbung, die ihn stärkte, der Gedanke an seinen Schöpfer und ein dankbarer Blik zum Himmel war das Gebeth des glüklichen Menschen, der ruhiger starb, als nun der Christ in seiner heiligen Religion, der unter wimmelnder Menge, mit Freunden, Schwarzröken und andächtigem Quark umgeben, zitternd den Augenblik erwartet, der ihm zum Lohne seines frommen Lebens die reizendste Aussicht öfnen sollte.

Sollte nicht der Christ, dessen Religion so viel Trost in sich faßt, in seinem Wandel und der Stunde des Todes das Muster aller Welt seyn? Sollt' er nicht geläuterte Grundsäze handhaben, festen Glaubens, und zuversichtlicher Hofnung der Auflösung freudig harren, die seinen Glauben bekräftigt, und seine Hofnung erfüllet? Sollt' er nicht entfernt vom Aberglauben und Zerrüttung des Herzens und der Sinne, das Licht verbreiten, das der Dunkelheit leuchtet? Sollt' er nicht stehen ein Fels in der Mitte des Sturms und bieten die Spize den Aufällen der Sünde und dem Stachel des Todes?

Wo ist der Christ, der die Kopie dieses Originales zu seyn beweisen kann?.... Sucht ihn auf unter den Tausenden der

Getauften, und wenn ihr ihn findet, so löschet die Laterne Diogens aus, denn ihr habt einen Phönix gefunden.

Woher entsteht die Quelle dieses Verderbens? Woher ist das Entstehen der Irrwische der Religion? .... Möncherei und Dummheit, diese Synonyma der Mythologie sind die Quellen, woraus der betrogenen Menschheit Verderben entspringt! Das ist die Wiege, worinn der Wahrheit Bonzengift eingestrichen, und die Vernunft zum Popanz erzogen wird. Der Schurke wird nie dem Redlichen in das Antliz sehen können, und so kam es, daß man der Religion eine Larve gab, und ihre Naktheit bemäntelte, umgürtete; und undurchsehbar verhüllte. — Welcher unbesonnene Laie wagt es wohl ungestraft, ihr den Gürtel zu lösen???

Was ist, Tröstende Religion! heut zu Tage aus Dir geworden! Jeder Mund geht von Dir über, und fast kein Herz fühlt Dich in Deiner Allmacht! Auch Du bist zur Arlequinsjake geworden, worauf ieder sein Lieblingsflekchen näht, und seine Kapriolen schneidet. Göze, Merze, Faste, Pochlins, Mazzioli, Promovsky und die ganze Schaar der Löbl. Schneiderzunft haben Dir das Rökchen unvergleichlich zugestuzt, und Du siehst so possirlich aus, daß Dein eigener Schöpfer Mühe hat,

Dich

Dich zu erkennen; ja Du bist ein Kamaeleon, in bunten Gestalten, dessen Farbe jeder zu kennen glaubt, und doch vielleicht keiner erráth.

Was hilft es der keimenden Aufklärung, ihren Sieg auszuposaunen in die Ende der Welt, wenn das Horn der Dummheit sie übertönt? Was nüzt das kurze Leben der schnell emporschiessenden Pflanze, wenn sie das widerkäuende Thier muthig zerstampft oder unbewacht abfrißt? Wer währt der heimlichen Macht der **hölzernen Ohren-Orakel, der Marktschreierei der Mönchischen Katheder, dem schleichenden Gifte der Klostererziehung, dem Kriechen der gesellschaftlichen Schlangen, dem Miniren des abgeänderten Rokes,** und der Macht der geistlichen Herrscher? Wo sind die Lehrer, die Bücher, die eindringenden Beweise, die das Vorurtheil widerlegen, das Aberglaube, Bigotterie, und Uiberredung durch Einfluß der Erziehung in das Herz des Pöbels gelegt haben? Treten Sie auf mit den gründlichsten Beweisen, mit dem größten Bewußtseyn der guten Sache, und halten Sie sich für glükich, wenn der Pöbel sie nicht steinigt, der Monch sie nicht vergiftet, und der Staat sie nicht aus den Gränzen verjaget.

Lö-

„Löset einem blühenden Baume gewaltsam die äussere Rinde ab, und er dorret und stirbt."

Diesen Grundsaz haben sich unsere Mönche abscheulich zu Nuzen gemacht, und ehe ließen Sie den Baum von Würmern zerfreßen, bevor Sie die Rinde betasteten, die ihn umgiebt: die Reinigung des Baumes halten Sie für Mord, aber das Ungeziefer ist ihnen heilig, weil es zugleich mit ihnen die Früchte genießet, die beide durch List und Gewalt sich zugeeignet haben.

Wenn ich mein Auge zum Himmel wende, dankbar bethe, und bethend danke dem Schöpfer; wenn ich voll Hofnung für die Zukunft flehe, und mein Herz in diesem Blike übergeht, ist so ein Gebeth nicht mehr werth, als **Euere hundertfältige Opfer, Euer Pomp in Gebethen, Euere verschwenderische Feierlichkeiten?**.... Sieht mir mein Gott nicht die Thräne im Auge, die er bei Euch vor dem Rauche der Opfergefäße nicht einmal bemerkt? Opfert ihm, soviel ihr wollt, auch ich verschmähe nicht das Opfer, das man der Gottheit bringt, denn ich opfre das Beste, was ich habe, und was sie mir gab, mein Herz und meinen Willen.

O Du schöne, angebettete Göttinn Religion! vergönn' es meiner wollüstig brünstigen Seele, Dich in Deiner Naktheit zu umarmen.

II.

Philosophie.

Die arme Philosophie leidet beinahe das Schiksal der Religion: auch Sie theilt sich in unzählige Sekten, auch Sie verlor ihre Rechte, ihre ächte Begriffe, auch Sie vergaß ihres Urstoffes, und ist zur Arlequinade geworden, die das Zwergfell des Zuschauers erschüttert. Wer nur immer einen zerrissenen Rok trägt, tollkühn handelt, ein Misantrope wird: wer bizarre Begriffe lehrt und handhabt, Tollhäuslereien ausübt, die Menschen flieht, mit denen er nicht umzugehen weiß: wer der Flegel der Gesellschaft, der Murrkopf über sein Zeitalter, und der Maulwurf seiner dunkeln Kammer ist, heißt ein Philosoph, und so ist jeder neue Philosoph ein Narr, weil jeder Narr, ein Philosoph ist. Der geheiligte Name Philosophie wird die Titulatur jedes Sonderlinges, jedes Grobianes und des lichtscheuen Menschenhassers; selbst dreuste, unverschämte Verbrecher,

die

die mit frecher Stirne der öffentlichen Schande trozen, haben den Titel eines Philosophischen Geistes, der sich über Verhältniße hinaussezt, und der Geseze spottet. Der Läugner der Gottheit und der Verächter der Maiestät sind hier grosse Geister; Maulhelden und kriechende Insekte bei annähernder Gefahr, wikeln den Mantel der Philosophie um ihren Schurkenleib, daß man die Lumpen nicht wahrnehme, die von ihren Unterkleidern hangen. Leider ist diese Wissenschaft so weit gekommen, daß man ihre Priester, nicht wie ihren Lehrer in, sondern unter den Fäßern, in Gefängnissen, Narrenthürmen, auf Scheiterhaufen oder Rabensteinen suchen muß.

Meinen Begriffen nach ist ein Philosoph, ein Mensch der mit der Welt freundschaftlich zu leben, und sich auf alle Fälle ohne ihr zu behelfen weiß. Er hält steif auf seine Grundsäze, ohne sie andern aufzudringen, er bemitleidet den Irrenden, aber er verspottet ihn nicht: Sein Aeusserliches ist das Aeusserliche aller Menschen, und nur sein Inneres drükt ihm den Stempel einer Vollkommenheit auf, die sein Herz und seine Vernunft am besten fühlen. Er ist ein wirksamer Bürger, ein guter Ehemann, ein liebreicher Vater, ein thätiger
Freund,

Freund, ein gesellschaftlicher Mann. Er geht nicht steif einher, wie die Alten, noch taumelt er herum wie die Neueren Weisen: er liebt jedermann und jeder schäzt ihn hoch, man weicht nicht seinen Lehren aus, noch scheut man seine fürchterliches schmuziges Wesen; sanft und eindringend sind seine Worte, man drängt sich um seinen Umgang und bewirbt sich um seine Freundschaft. Nur durch Beweise und durch seine Lebensart rächt er sich an der Verleumdung seiner Feinde, und gelassen wischt er den scheinheiligen Geifer von dem Kleide der Unschuld: ruhig wandelt er den Weg, den ihm sein wirksamer Geist vorzeichnet, und wälzt den Stein des Anstosses vorsichtig, und verachtend hinweg. Keine Leidenschaft wird sein Meister, aber er selbst wird der Herr seiner Begierden, er schäzt das Lob wenig, und verlachet den Tadler. In der Ruhe seines Herzens liebt er die Welt und ihre Bewohner, geniesset mässig ihre Freuden, schmekt sie eben darum doppelt und bemerkt auf ihrem Boden den kleinsten Punkt, der dem Auge des Nichtforschers entwischt. Nie spielt er den Sonderling, niemand durchforscht ihn, und in sich und sein Bewußtseyn gehüllt, weiß er es nur allein zuverlässig, wie er daran ist. Das Glük macht

ihn

nicht übermüthig und das Unglück nicht verzagt. Er ist der Unterthan seines Monarchens, aber nie sein Sklave, er liebt sein Weib, aber er bethet es nicht an, er freut sich mit der Welt, aber sie benebelt nicht seine Vernunft, er glaubt, aber sein Glaube ist nicht blind, er arbeitet für den Staat, aber er opfert sich nicht dessen Launen auf, er ist ein Held, aber kein Poltron, er denkt viel, aber spricht sehr wenig, er lebt mit der Welt, aber die Welt lebt nicht wie er: er stirbt, und der mächtige Tod erschüttert nicht seinen emporstrebenden Geist, er ist vielleicht unmerkbar in der Schöpfung, aber sein Plaz bleibt lange Zeit unbesezt. So denk' ich mir einen Mann, der verdient, ein Philosophe genennt zu werden.

Was nüzt es Euch wohl, Ihr thörichte Weisen, Euere Lehren auszutrompeten, wenn Euch dafür Spott und Strafe erwartet? Wer heißt Euch, die Menschen zu Philosophen bilden zu wollen, wenn Ihr nicht vorhin die Philosophen zu Menschen formtet? Geht voraus mit der leuchtenden Fakel der Vernunft, haltet sie hoch empor, daß ihr Licht sich verbreite! Schlept sie nicht furchtsam durch stinkende Moräste des Unsinns und der Schwärmerei,
und

und steuert der Macht des Allmächtigen Windes, der sie gewaltthätig auslöscht! Wandelt festen Trittes vor den Augen des blöderen Laien, wenn ihr könnt auf sumpfigten Boden, singt nicht Jubellieder von Auferstehung und Erweken der Vernunft, wenn ihr bis an den Hals im Drekke stekt. Ruft uns nicht Euere Beweise aus entfernten, ungangbaren Winkeln zu, zeigt Euch im Zirkel der Menschheit! Zeigt uns vorher Euere Schritte, bevor Ihr uns das Gehen lehren wollet! Kommet nicht zu uns mit der abschreckenden Miene der lichtscheuen Vögel, werdet unsere Freunde, werdet unsere Brüder, lernet die Rechte der Menschheit kennen und d a n n trettet aus ihrem Gleise. Achtet nicht die Bannstrahlen, die Kerker, die Kabalen und das ganze Zeughaus der sich windenden Feinde, und wenn ihr Löwen bekämpfen und C e r b e r u ſſ e beschimpfen wollt, so beweiset uns, ihr Donquischotte, daß ihr keine Hasen seyd!

O Panglos und Faustin! weinet über das neue philosophische Jahrhundert, denn es ist zur Arlequinade übergeschritten! Schon unsere Buben spielen Philosophen, und die meſten Philosophen sind elende Buben. !..... Ihre Gespräche, und ihre abgeschriebene Bücher philosophiren unvergleichlich

lich, aber trepaniret ihre Köpfe, und ihr werdet eitel Wasser finden.

Die Arlequinaden der heutigen Philosophie zeugen entweder Dummköpfe oder Schurken, und die sogenannte grossen Geister schlagen das Kreuz bei einem Donnerwetter oder erweken Reue und Leid mit bitteren Thränen, wenn ihnen ein Wind durch den Bauch fährt.

III.

Schauspielkunst.

Weil nun schon einmal von Schauspielerei die Rede ist, so wird es mir niemand verübeln, wenn ich der Großmama dieser edlen Kunst ein eignes Kapitel widme, und ihr vom Herzen über die Metamorphose kondolire, die sie von den Pikelhäringen, und Gesichter-Schneidern, die man Künstler nennt, erhalten hat.

Die Schauspielkunst ist nach Shakespears und aller Kenner Meinung nichts anders, als der Natur gleichsam einen Spiegel vorzuhalten, aber unsere Dichter und Komödianten krazen das Queksilber hinweg, oder zerschlagen mit Gestikulazionen den Spiegel: beide legen es darauf an ein Vergrösserungsglas daraus zu machen, worinn

man

fast immer den sogenannten Passauer Tölpel erblikt, denn nach dem neuesten Plane muß ein angehender Naturverderber vorzüglich eine ausgiebige Stimme haben, die sieben Akzionen des Königs wissen, sich in die Brust werfen, und normalmässig deklamiren können; hauptsächlich aber wird ihm das Schnarren, das Lispeln, oder was immer für ein Sprachfehler angerathen, weil jeder grosse Künstler wenigstens einen kleinen Fehler haben muß, und das Schnarren dem Adel gefällt. Er wird sich ja hüten, Konversazion in sein Spiel zu bringen, weil es ihm das Publikum mit dem Teufel verdankt, das nicht gewöhnliche Menschen, nur Wunderkinder, Helden und Prediger hören will. Die Autoren folgen mit einer erstaunlichen Genauigkeit dem Talente dieser Paviane, und unsere Theaterlitteratur ist das Chaos von Dummheit, abgerissenen schönen Stellen, Diebereien, Zotten, elendem Stoffe und ungeschikter Ausführung, ein Etwas von allem, und im Ganzen ein Nichts.

Seit einiger Zeit hat eine Epilepsie eingerissen, die nach Trauerspielen schmachtet, und unsere Schmierer haben uns in dieser Art Stüke geliefert, die wirklich traurig genug sind, manche Dramen sind gar nicht dramatisch, die Komödien Farzen,

B   und

und die sogenannten Schauspiele, wenige ausgenommen, wahrlich Sauspiele zu nennen.

Wir haben zwar seit kurzem, Stüke von sehr grossen Meistern auf unseren Bühnen gesehen, aber welchem Vater wird nicht das Herz brechen, wenn er sein Kind verstümmelt, statt der Schaubühne auf der Schandbühne, oder wohl gar auf dem Räde erblikt? .... Auch außer der unnatürlichen Oper giebt es unzählige Sopranen, und fast jedes ausländische Stük verliert seine Hoden, wenn auch innländisches Machwerk und Budenspasse eigenmächtig protegirt werden.

Der Verfasser mag lange auf die Anname seiner Arbeit warten, wenn er so dumm war, sich nicht Freunde zu erwerben, bevor er noch die Anlage des Stüfs ausgebacht hatte; oder, wenn es gar vortreflich ist, so mag er es sich gefallen lassen, sein Stük in den Hundstagen produzirt zu sehen, da ein anderer aus diesen und andern Ursachen, die inkognito unter 10 Augen betrieben werden, sein Exkrement im Winter mit einer gespikten Einnahme an den Mann bringt; denn wie leicht ist es nicht, sagt das alte Sprichwort: Kardinal zu werden, wenn man den Papst zum Vetter hat? ..... Was die tausendfältigen Verwandlungen, dummen

Intriguen, ein gewisses bald dort, bald da, Verkleidungen, hölzerne Spaſſe, Schweinerei und Karrikaturen betrift, hat unſer geläutertes Theater bereits den Horizont der italieniſchen Buffonerien erreicht, denn ein feines Luſtſpiel wird auf den gröſten Theil der Wiener ſo wenig Eindruk machen, als die Farbe auf einen Blindgebohrnen, und wir werden bald die Zeiten erleben, wo der Held oder die Heldinn eines Modetrauerſpieles ſich ein paarmal erſtechen oder eine Ohnmacht wiederholen müſſen, wenn es nicht ausdrüklich durch Allerhöchſten Befehl verboten wird, den man, wie alle Wienergebote, höchſtens ein paar Monate beobachtet.

Meiſterſtüke fodern Meiſter-Schauſpieler, und ich ſehe gar wohl ein, wie ein ſchlechtes Stük gefallen könne, weil ich überzeugt bin, daß eine Götterarbeit misfallen müſſe, wenn ich ſie durch Kabale, und unrichtige Rollenbeſetzung muthwillig verderbe. Jeder, der gute Augen, und eine Naſe zum riechen hat, wird mir eingeſtehen, daß ich nicht unrecht geurtheilet habe.

„Itzt haben wir Theaters!" ſchreit der Haufe: „Itzt haben wir Schauſpie-
„ler!... Das hätte man vor Zeiten
„auf der Bühne ſagen ſollen!... Al-
„les erreicht den Gipfel der Vollkom-
„men-

„menheit und nur Ballete mangeln uns „noch, das hiesige Theater zum voll= „kommensten zu machen.„ — Wenn man gewisse Leute so widersinnig raisonniren hört, wer wird es wohl nicht bedauern, daß der Monarch sein rundes Gebäude nicht um zehnmal vergrößerte? Wo finden denn diese bestochene Ruhmverbreiter das Ausnehmen= de, das Einzige? Müssen Sie nicht einge= stehen, daß selbst reisende Truppen bessere Stüke gaben, wenn sie dieselben auch schlechter produzirten? Ist es nicht Bos= heit oder Faullenzerei, daß uns ein gutes Theaterstük meistens ein Komet ist, der das Unglük prophezeit, daß wir nach lan= ger Zeit nur Misgeburten zu sehen be= kommen?.... Ist es eine große Kunst, et= was zu hintertreiben oder zu befördern, wenn drei zusammhalten, und zween nothwendig der Uibermacht nachgeben müs= sen? Ist es nicht schändlich, dem Publikum sein Vergnügen zu stören, um seine Rache oder seinen Eigennuz zu befriedigen? Ist es nicht strafenswerth, meine Pflicht zu ver= nachläßigen, wenn ich für die Handhabung derselben bezahlt bin? Müssen wir denn zufrieden seyn, wenn man uns für kein geringes Leggeld eine schmale Achtkreu= zerkost aufsezt, und ist es uns nicht er= laubt zu pfeifen, wenn man uns Wasser=
sup=

suppen, und **halbgepuzte Kalbsköpfe** vorsezt?

Man hat sich alles lächerlich zu machen erlaubt, man dekt die Fehler der Majestät, des Adels, der Gerechtigkeit, die geheimen Verbrechen aller Welt auf; sie steigen im Purpur und den Insignien ihres Standes daher, nur der einzige Mönch wird verschont, nur der Priester bleibt unangetastet. Hat er Vorzug vor dem Monarchen, ist er weniger fällig, und ist seine Bosheit, sein Betrug weniger schädlich?... Wenn die Schaubühne doch einmal die Schule der Sitten seyn soll, warum sind denn nicht ihre Sittenlehrer ihr erster Gegenstand, der so reichhaltigen Stof zur Moral und Satyre lieferte? Ein Schauspiel ist die Schilderung des gesellschaftlichen Lebens, der glüklichen und widrigen Zufälle, und wird nicht durch diese Herren der Apfel des Zwitrachts so oft unter die Menschen geworfen?.... Sind Sie nicht die Teufel, die Krokodille, die Würger, die Betrüger der Menschheit, und sind sie nicht im Gegentheile zu Engeln bestimmt, Trost in die Seele der Leidenden zu gießen?... Welch ein reichhaltiger, welch ein noch unbenuzter Stof!

So wenig irgend ein Stand durch die lächerliche Abschilderung eines seiner Mitglieglieder an der allgemeinen Achtung verliert, eben so wenig verlöre die Religion, und die Karrikatur eines Fastes-Promovsky eines M*** u. d. gl. müßte auf einer besuchten Bühne von geschikten Schauspielern dargestellt, unendlich mehr Eindruk machen, als alle Brochüren, die fruchtlos zusammgesezet wurden? Wenn ein rechtschaffener Priester durch die Geschiklichkeit des Schauspielers zum Leben getroffen, die Herzen der Zuhörer rührte, wär' er nicht so schäzbar, als der sich heiser schreiende Zahnarzt auf der mönchischen Katheder?.. Doch fruchtlos empfehle ich hier eine Sache, die man bereits in vernünftigen Ländern schon vor lange zur Ausführung brachte, denn, leider wollen die theologische Hannswurste sich nicht gerne im Spiegel beschauen, und machen ihre L a z z i im Stillen

Ich würde mich zu weit und in ein Labyrinth verirren, wollt' ich alle die Vorfälle, die Ursachen und die Folgen schildern, die aus derlei Spektakeln entspringen, und bitte das Publikum und meine Feder um Verzeihung, wenn ich jenem nicht Genüge leiste, und diese, in ihrem Laufe, gezwungen, oder freiwillig hemme.

Alles, was sich im Punkte der Schauspielkunst immer sagen läßt, ist: daß ich Dichter und Komödianten kenne, die von gewissen Leuten so sehr gelobt werden, als man nur loben kann, und doch sind diese Leute nicht werth einem **Lessing**, noch **Schrödern**, **Brokmann**, noch der unersezlichen **J a q u e t** u. s. w. die Schuhrieme zu lösen, denn nicht jeder, der da kriechend sagt „Herr! Herr!" noch der gute Freunde hat, nicht der wohlberöhrte, noch die da hat einen reizenden Busen, und was mehr noch gehört zur Vollkommenheit des Schauspielers, und dem Spiel der Aktrize, werden eingehen in dem Tempel der Musen.

Auch ist eine gewisse Gattung Schauspiele Mode geworden, die man Haustheater nennt; ihre Anhänger sind fast stäts die Schuhpuzer der angebeteten Arlequine, die jene Schauspieler zu parodiren suchen, die Lieblinge des Zeitalters sind. Bald wird ein Schneider, bald ein * * *, der Unternehmer einer Gesellschaft, die sich alle Mühe giebt, die größeren Künstler, wo nicht in ihrer Kunst, doch in kindischen Kaballen zu erreichen, und so allmählig zu grösseren Schurken zu werden.

Ich habe bereits in **m e i n e n A e rg e r n i s s e n** zu beweisen gesucht, wie schädlich der wahren Kunst, außer einigen benannten Gesellschaften, diese Gaukelei ohne Anleitung wäre, und ich habe Hofnung, daß
die-

dieser Seuche allem Ansehen nach, Einhalt gemacht werde.

Dem Beispiele der Großen folgen die Kleinen, und so kömmt es, daß eine der grösten Künste zur Bettelgarderobe geworden ist, zu der jeder Hausakteur sich ein Flekchen von dem Kleide seines Originales stihlt, und so, auch außer der Faschingszeit, treflich den Narren zu spielen weiß.

Wen nimmt es aber Wunder, daß junge Leute Narren geworden, wenn die Altväter selbst nicht richtig im Kopfe sind?

Gewiß schäze ich die Schauspielkunst, ehre den wahren Schauspieler, und vertheidige selbst den Privatakteur, der seinem wahren Endzweke nicht zuwider handelt; aber es thut mir in der Seele weh, diese Wissenschaft auf der Folter und an dem Galgen zu erbliken. Unter so manchem Adler spielen wirkliche Gimpel, und wie viele Quasi-Kenner verachten die Kasperliaden um der Arlequinade den Vorzug geben zu können, die doch strafbarer als jene wird, weil sie mehr vorgiebt zu seyn, als sie ist — Ja selbst unter den ausgewähltesten Künstlern der Nazionalbühne — wenn ich sie doch so nennen muß — sieht es wohl nicht so ganz richtig

tig aus... Man heißt freilich alles Künstler.... aber ....
Multi vocati, pauci electi.

IV.
Singerei.

Unter dem Worte Singerei verstehe ich jede Oper und sie scheint mir das nach dem gewöhnlichem Schlage zu seyn, was die Schellen an einer Narrenkappe sind; ihr Laut hebt den elendesten Text, oder sie betäubt blos das Gehör, daß wir auf den Narren nicht sehen, der unter der Kappe stekt, und das ist, bei meiner armen Seele, sehr gut, wenn der Autor ein E s e l ist, dem der Kapellmeister sein i. a. wegmuſiziret.

Obschon jede Oper ein Nasenſtüber ist, den man der lieben Natur giebt, so ist sie doch immer an und für sich selbst eine der angenehmſten Unterhaltungen, wenn der Tonsezer Herz und Gefühl, und nicht Ohrenschmäusgen und Klimpereien dem kindischen Publikum auftischt und in dieser Rükſicht ist freilich nichts ärgerlicher als der Streit der Deutschen und Italiäner, den ich hier unangetaſtet lasse, um nicht den alten Pfifferling aufzuſchütteln und unsere Nasen zu verschonen.

Nur dann schäze ich meinestheils das Singspiel, wenn ich bei der Vortreflichkeit der Musik den Text vergesse, oder den Ausdruk der Musik dessen Worte anpassend finde, so daß ich das, was der Autor vergaß, oder auch wirklich empfand, durch die Kunst des Kompositeurs dargestellt oder verbessert mit all dem Feuer, das Leidenschaft der Leidenschaft geben kann, nach meiner innern Uiberzeugung fühle, und in diesem Falle ist unter allen Neuern Ditters der Mann, der es im Stande wäre, mich mit der Oper auszusöhnen, und selbst dem unbedeutendstem Texte Leben und Kraft zu geben weiß.

Wien sollte billig einen Mann auf den Händen tragen, der das deutsche Singspiel zu einer Zeit, da keine kleine Kabale es stürzen wollte, dem Vorurtheile trozend, hinreissend hob, aber Wien ist gewohnt, seinen Nacken vor dem Auslande zu beugen, und seine Künstler nicht zu achten, weil es seine Künstler sind, denn der Genius Italiens herrscht über seinen verdorbenen Geschmak, wie über dessen untergeordnete Seelen.

Die Zeiten sind, Gottlob! vorbei, wo uns ein sterbender, Kastrirter Vater mit dem Dolch in der Brust sein Schwanenlied krähte, oder eine praktizirte Sängerin als Penelope Ohnmachts Arien wiederholen mußte, aber die Zeiten sind

wirk-

wirklich noch, wo uns ein armer Amoroso vorsingt, daß es ihm zu weinen Noth sey, oder eine Bravour = Kantatrize in ihrer Furze=Arie mit heiserer Stimme das Lob der Tugend vorpsallirt, und ein allgemeines Te Deum laudamus zum Schluß-Khore vorgewälschet wird, denn der geneigte Leser beliebe kein so deutscher Esel zu seyn, daß er es nicht weiß, daß man den Sänger nur nach der Länge ... seines ... Trillers, und die Operistinn nach ihrer ... Tiefe oder Höhe und dem Schnikschnak beurtheile, mit dem ihre Gurgeleien unsere langen Ohren zu kizeln suchen und also mit Recht die Ohrlöffel der Deutschen Nazion genennet zu werden verdienen.

Eine Meister=Oper wird gemeiniglich jene genennt, die man fein nachhöhnen kann, und deren Arietten dem Gedächtniße der Zuhörer am besten sich eindrüken, denn was hilft wohl dem Volke die wahre Kunst, das Leierei schon gewohnt ist?

Der Reiz der Neuheit hat auch hier, seinen Thron, und was neu ist, ist auch schön! so denkt der gewöhnliche Wiener. Heute ist dieses, Morgen jenes Singspiel das Non plus ultra der Kompoſizion, izt ist die Vögelstimme der Donna, bald der Gesang des singenden Schauspielers das Unerreichlichste, und Tags darauf erscheinen in einer neuen, ungleich schlechtern Oper fremde Subjekte,

die

die gestrige Oper ist vergessen, und die Neulinge haben eine gewisse Art, die den andern den Hals bricht. Glücklich ist die Bühne, wo es nicht täglich Zänkereien giebt und die Prima nicht die Secunda Donna bei den Haaren kriegt.

Was heute zu Tage nicht gesagt werden darf, wird gesungen, und was nicht gesungen werden kann, wird geheulet; und . . . . de gustibus non disputandum, denn eine schöne Sängerin und ein wohlgemachter Sänger mögen singen, wie sie wollen, man ist barmherzig, und hat gute Augen, die Mängel zu bedecken und das Verdienst hervorzufangen.

Arlequinade heißt Kunst, und Kunst wird zur Arlequinade. Wenn der Arlequin in der Kommödie seine Bocksprünge produzirt, so macht der Sänger hingegen seine musikalischen Schnirkel, und so wie jener applaudiret wird, erwirbt sich dieser seine Anhänger, reißt die Herzen und vielleicht die Leiber der Donnen hin, wie die Trillerschlägerin die Mannheit der Männer entwafnet, und manche Arlequinette ihre Hohen und niedern Verehrer zu Hanswursten oder, um nicht Salzburgisch zu sprechen, zu Narren bildet.

Madame Storacee Fisher und Herr Benucci sind allerdings grosse Künstler, und ich behaupte, daß ihr Verlust, wenn er erfolgen sollte, für die Bühne lange unersezlich wäre — aber zwo Schwalben machen noch keinen Sommer, obwohl das Zusammenplerren der meisten übrigen eine Judenschule vorstellt; denn singen kann ein jeder Narr, doch hören mag's der Teufel! . . . . Es ist oft erbärmlich, ein Ohrenzeuge der italienischen Schlußchöre zu seyn, wo meistens das Herz der Schauspieler wie ein Perpendikel zu schlagen anfängt, denn so sehr diese Truppen auch zusammengewöhnt sind, so scheint mir doch so ein Geschrei, wo alles zusammenkirrt, ohne daß es sein nebenan stehender Freund bemerken soll, mich eh' in ein Narren als Opernhaus zu versetzen, und ich begreife nicht, wie eine ganze Familie oft in der traurigsten Lage singen könne, sie müßte nur verhext seyn, so wie eine Tänzerin, die ihren Schmerz oder ihre Verzweiflung uns vortanzt, von der Tarantel gestochen seyn muß; auch wünscht' ich wohl zu wissen, ob denn mancher betrogene Alte, die es in derlei Karikaturen zur Genüge giebt, durch das Gelärme nicht aus dem Schlafe gewecket werde? Dieser Ungereimtheiten giebt es eine Menge, und man würde mit Gelassenheit zuhören, wenn ein Buffo in der Rolle eines **Taubstummen** seine Bravour-Arie sänge, denn das Publikum würde erstaunlich die Neuheit bewundern, und wohl gar die Schönheiten aufsuchen, die in der Musik und

dem

dem Ausdruk eines **Taubstummen** verborgen liegen.

O Abdera!!!

Bald singt man uns einen Monolog vor, bald pizziciren uns drei Dratpuppen ein schmelzendes Terzet, ohne daß eines das andere bemerkt, bald raufen sich zween Schläger, und tragen in den herrlichsten Passagen ihren unaussprechlichen Zorn vor, bald schreit uns bei düstrer Nacht in einem Walde eine ganze Horde die Ohren voll, und bleibt bei dem schrecklichen Donnerwetter *) und dem ausgiebigsten Regen eine halbe Stunde stehen, um uns herzbrechend vorzusingen, daß sie sich fürchten..... Nun da mache mir doch ein Christenmensch einen Reim daraus?

Unsere deutschen Herren sind darum noch keine Deutschmeister und dürfen sich ja nicht mit ihrer Verbesserung brüsten, denn wahrlich ist das deutsche Singspiel noch in seiner Kindheit, das den Schwulst zum Gängelbande hat, und wenn man fortfährt, dem Kinde die Schnürbrust anzugewöhnen,

ist

---

*) Das ist freilich ein gröber Fehler des Dichters, Leute so lange in der Näße diskutiren zu lassen, und so die ganze Theatergarderobe zu verderben.

ist es wohl ein Wunder, wenn es hökricht wird?

Wien und die Tonkunst mag es mir verzeihen, wenn mir ein einziger Auftritt, eine einzige Konversazions = Szene aus Jfflands Jägern von meinem Lieblinge Brockmann und der hierin so braven Weidner gezeichnet, nicht tausendmal lieber ist, als die glänzendste Oper, und wenn die Musik im Himmel komponiret wäre und die neun Chöre der Engel selbst sie ausgeführet hätten.

Ist nicht jede Oper ein gestiktes Kleid, das so manchen Esel, manchen Schurken bedekt? Macht das Kleid den Mann? Behält das Kleid nicht seinen Werth, wenn es auch nicht angezogen würde? Es ist und bleibt Arlequinade, und mag man mich auf den Kopf stellen, ich werde meine Meinung nicht ändern.

Ditters! Zu Dir rufe ich! Du bist es im Stande, sie in ihr gehöriges Gleiß zu bringen. Alle Deutschen werden Dir danken, wenn du es veranstaltest, daß wir mit frohem Herzen, und mit einstimmendem Kopfe zwei Schauspiele besuchen können, deren jedes uns gleiches Entzüken gewährt. Welcher grosse Mann hat nicht seine Feinde, auch Du hast sie, und daß Du sie hast, ist ein Beweiß, daß es noch viele Liebhaber der Dummheiten giebt, die, weil sie den grünen Hut entbehren müssen, ihre Freude an dem geflekten Poder des Arlequins

ge-

genießen wollen. — Noch einmal, fahre fort wie du begannst, und der, dem ein Deutsches Herz im Busen schlägt, wird Dich als seinen Landsmann doppelt lieben, — wenn du keinen Text mehr mit Deiner Meisterhand sezest, der nicht Deutsch ist.

Auch ich bin ein Deutscher.

V.

Autorsucht.

So wie es leicht ist, zu singen, aber Ohrenmarter, es zu hören, so ist es auch sehr leicht, zu schreiben, aber Magenverderbend, das Geschriebene zu lesen, denn in Wien werden wirklich die Lumpen zu wenig, Papier zu fabriziren, daß die Lumpen schreiben können.

Es ist wirklich Schade um den Gänsekiel, den so manche dumme Gans verbraucht, und eben so viel Schade um das schöne reine Papier, worauf so manche Sau gemacht wird.

Alles schreibt, und wer nicht schreiben kann, der liest. — Das ist gut! ... Wer nicht lesen kann, der läßt sich's vorlesen..; Das ist auch nicht übel! ... Aber, wer weder lesen noch schreiben kann und obendrein taub ist, der ist am besten daran. Es ist
ei-

ist eine herrliche Sache um einen Autor, aber ein Teufelsding um einen Schmierer, und der Unterschied zwischen beiden ist so groß, als der zwischen einem Maler und einem Anstreicher, obwohl die neuern Skribler ihre Produkte recht gut **anzustreichen** wissen. . . . . .

Wien ist eigentlich der Geburtsort, worinn die Mißgeburten ohne Hand und Fuß wohl gar **ohne Kopf** zur Welt gebracht werden, aber ist es dann auch ein Wunder, wenn sich ein Volk bei der Nase herumziehen läßt, die ihm Ausland und Innland so ziemlich **lang** gemacht haben?

Unsere Diarien wimmeln von Ankündigungen und die Buchläden von Brochüren, wer nur eine Hand hat, der schreibt, und wer seinen Magen fühlt, zieht seinen Kopf wenig zu Rathe, die Gelehrsamkeit ist eine Handarbeit geworden, und die Kunst geht leider! nach Brod, um daß wir täglich im Vater Unser bitten.

So lange Wien steht und stehen wird, giebt es Wiener; giebt es Wiener, so giebt es Autoren; so lang es Autoren giebt, giebt es auch Schmierer, und solang es Schmierer giebt, wird Wien ihr Geburtsort, und wollte Gott! auch ihr Grab seyn.

Die Herrchen machen sich über alles, ihnen ist nichts zu heilig, das sie nicht lä-

C   chers

cherlich machten, nichts zu schändlich, daß sie nicht vertheidigten. Nicht einmal die sichtbare Majestät ist den Buben heilig genug, wer wird es ihnen wohl zumuthen eine Unsichtbare zu scheuen?.... Sie kennen die Liebe nicht, weil sie die Wollust vertheidigen, und die Freundschaft ist ihnen ein Nichts, das sie um einen Stüber verkaufen: die Geheimnisse einer Gesellschaft sind ihnen nicht heilig genug, um sie auszuplaudern, wenn sie dabei ihren Vortheil ersehen, ja sie sind sogar im Stande, sich selbst unter fremden Namen Grobheiten zu sagen, um sich widerlegen zu können.... Wenn dieser Zug nicht genug ist, alles auszudrücken, was Verachtung heischt, so weiß ich wahrhaftig nicht, ob meine theuern Landesleute nicht auf den Kopf gefallen sind?

Wenn man es wagt, meinen Landesleuten in der Gestalt einer Brochüre, die Wahrheit zu sagen, so sind sie gleich mit dem Ehrentitel eines Pasquillanten, hungrigen Autors, u. s. w. fertig, oder sprechen wohl gar, der Autor möchte sich selbst bey der Nase nehmen...... Ei! Ei! Wenn sie das nur auch ihren Predigern sagen möchten??? Tritt aber ein Zahnbrecher auf, der ihnen mit einem Einzuge à la Mahyeu die Augen blendet, und ihnen Wunderdinge vorgaukelt, oder ihren Leidenschaften schmei

schmeichelt, so gewinnt er in ihren Augen ungleich mehr, wenn er ihnen auch das Geld mit eitel Rechtschaffenheit aus dem Beutel stihlt Sed . . . .
Vienna vult decipi, ergo decipiatur.

VI.

Recensionen.

Ich weiß wohl, daß mancher Rezensent diese meine Meinungen durch die Hächel ziehen, oder unum per idem rezensiren werde, aber das thut nichts zur Sache, wer ausspielt, muß ja erwarten, daß er gestochen wird? — Der wahre Rezensent hat stäts meine ganze Unterwürfigkeit und inigliche Achtung, und die übrigen mögen mich — — — — — — rezensiren ? ? ...

Wenn unsere Autoren gleich den Kröten im Regen vom Himmel fallen, so giebt es auch Störche genug, die sie wieder auffressen, doch gehört ein guter Magen dazu, die Grobheiten zu verdauen, die die Störche einstecken müssen.

Es ist einmal gar zu arg, mit welchem Despotismus gewisse Herren über andere gewisse Herren herrschen, und die Satyrpeitsche recht Kutschermässig knallen lassen; eine Schrift mag noch so allgemein gut seyn, die ihr Liebling nicht schrieb, so wissen Sie doch geheime Fehler, und das Machwerk ihrer Freunde mag noch so schlecht seyn, so wissen Sie doch offenbare Schönheiten darinn aufzufinden, nur sie allein sind das Alpha und Omega des gelehrten A. B. C., und wer ihnen nicht nachbuchstabirt, den klopfen sie brav auf die Finger, und so sehr ich eine billige Rezension für nothwendig achte, so lächerlich kömmt mir eine Kuppel Hunde vor, die weiß Gott! was daraus machen, wenn sie einen Hasen fangen.

Ich verstehe überhaupt nur iene Wizlinge, die vor Galle bersten, wenn jemand ausser ihrem Zirkel das Glück hat, zu gefallen, wie zusammengeschrumpfte Schönen, die neidisch auf ihre Mitschwestern herabbliken, weil ich zu sehr überzeugt bin, daß Wien denkende Köpfe hat, die ohne zu schimpfen, bessern und belehren könnten, wenn Sie sich damit abgeben möchten.

So sehr mich auch manchmal diese Scharfrichter zerzausen mochten und mögen, so söhne ich mich doch vom Herzen mit ihnen aus, nur müssen Sie mir es auch vergeben, daß ich mich an ihre Worte nicht kehre und ihre Arlequinaden verlache, die viel Geschrei machen, aber wenig Wolle haben.

VII.

VII.
Empfindelei.

Als ich das Wörtchen Liebe niederzeichnen wollte, strich mir ein liebes Mädchen den Frevel aus, den ich der Schöpferinn alles Guten in diesem niedrigem Tausche anthun wollte, und ich danke es dem holden Geschöpfe, daß es mich von einer Sünde abhielt, die ich gewiß nie verantworten könnte.

Wohl dem Menschen, der Dich kennt, der Dich in beinem ganzen Umfange genießet, Allmächtige Liebe! Sein Glük gränzt an das Glük jenes höheren Wesen, dessen Haupteigenschaft die Liebe ist, aber wehe dem Schwärmer, der die schmachtende Empfindelei einem Gefühle unterschob, dessen Ursprung göttlich ist.! Weh ihm, daß er süß einschläferndes Gift in den Becher der Liebe warf!

Eine Krankheit, schlimmer als die Pest, greift in meinem Vaterlande um sich, wo man hinsieht, erblikt man einen Mondsüchtigen Siegwart oder eine schmachtende Marianne, von denen weder einer auf dem Kirchhofe, noch die andere als eine Nonne stirbt. Ihr Ende ist meistens, vielleicht auch immer das Spital oder ein Bordell, wo die Wirkungen der Empfindsamkeit ihren Ausweg finden, wenn sich nicht

nicht auch schon das Findlingshaus zum Mittler aufgeworfen hat.

Teuflisches Jahrhundert, worinn man die Menschen zu Engeln bilden will! Du bist die Lokspeise der Betrüger, die mit Rosen die Schlinge belegen, und die Tugend kirre machen, daß sie traulich wandle den Weg, der ihr Gefahrleer scheint! .... Schlummere nicht o Jugend, der Verderber wacht! Trinke nicht von dem einschläfernden Opium der Zärtlichkeit, Empfindungen, Allgefühle und dem Bewußtseyn deiner schwachen Stärke! Erinnere Dich Deiner Menschheit, traue ja nicht den süssen Worten, denn auch unter Gift mischt man Zucker, wirf die schleichenden Romane hinweg, wo auf jedem Blatte die Tugend steht, und doch jede Silbe ihr Andenken aus Deinem Herzen reißt! Schliesse nicht Dein Herz auf dem betrügerischen Buben, der Dich anzubeten vorgiebt, und reiche dem Manne Deine Hand, der Dich nur liebt! Ihr, meine Brüder! flieht die kränkelnde Schwärmerei, und wählt euch ein Deutsches Weib, das bieder, treu und standhaft liebt.

Hier lieg' ich vor Euch auf den Knien, und wenn die Bitte eines Jünglings etwas über Euer Herz vermag, so beschwöre ich Euch mit dieser heißen Thräne im rothgeweintem Auge, laßt Euch mein Beispiel eine War-
nung

nung seyn! Auch ich war ein Schwärmer, und nur durch einen Zufall, wenn es doch ein Zufall ist, was ich der Gottheit gerne verdanken möchte, nur durch eine ausserordentliche Begebenheit ward' ich geheilt, und bin nun glücklich, wenn Zufriedenheit Glük ist.

Noch einmal höre mich o Jugend, meide mein Beispiel und folge meiner herzlich gutgemeinten Lehre! Verdammet Ihr Deutschen Väter und Mütter diese verflucht schönen Bücher zum Feuer, und nur in diesem Falle will ich es Euch verzeihen, wenn ihr der Inquisizion in das Handwerk greift.

VIII.

Ehen.

Leute, die von Pflichten nichts wissen wollen, sind auch nicht verpflichtet, dieß Kapitel zu lesen, ja ich ersuche sie sogar, es zu überschlagen, weil sie doch wenig davon verstehen würden.

Das Wort Ehe faßt für mich so viele Glückseeligkeit in sich, daß mir mein Herz nothwendig bluten muß, wenn ich überdenke, wie weit bei meinen Landesleuten die Verachtung eines Standes gekommen ist, der mir so heilig scheint.

Alles

Alles liebt und jedes scheut doch die Ehe — der Jüngling und das Mädchen schwören sich ewige Treue und weichen der Verbindung aus, in der sie ihm Schwüre halten sollten?.. Das Mädchen fürchtet die Herrschsucht ihres künftigen Mannes, und der Mann die Zügellosigkeit seines Weibes. Bald schließt Eigennuz, bald Übereilung ein unzertrenliches Band, das sie in kurzem eigenhändig oder christlich bezahlt zerschneiden: bald verehlicht man sich aus Nothwendigkeit, ein Haus zu halten aus. Manasucht oder Bedekung eines Jugendfehlers u. s. w. meistens aus Gewohnheit oder Muß aber selten aus wahrer Hochachtung und Liebe.

Es ist bloß Arlequinade, was uns der Augenschein unserer Eheleute lehrt. In Gesellschaften wird oft viel gesprochen, was unter vier Augen und zwischen den Gardinen eine ganz andere Wendung erhält. — Ich möchte mich selbst auszischen, daß ich so dumm bin, die Parthei der Ehe, zu nehmen, aber mein Gott! kann ich denn was dafür, daß ich ein Esel bin?.... Mir scheint es wenigstens Pflicht zu seyn, daß man sich heurathe, um sich auf ewig zu lieben, wenn man sich vorhin hochschäzen lernte obwohl ich weiß, daß es Leute giebt, die sich lieben, hochschäzen und heurathen müssen, ohne sich

ge=

gesehen und gekannt zu haben.... Das weiß ich, und wer weiß das nicht????

Wer in Wien reich heurathet, ist glücklich, aber wer glücklich heurathet, ist bei mir reich, und mein Glück besteht in der Uibereinstimmung zwoer Seelen, in Einigkeit, Friede, und wechselseitiger Treue, in einem Zirkel von Kindern, Theilnahme in glücklich und widrigen Zuständen und einem frohen Alter, das ohne Vorwurf uns unsern Blick in die Vergangenheit zurück zu werfen erlaubt... Wer sagt es mir, daß ich unrecht denke, und wer verargt es mir, wenn ich bedaure, daß Wien nicht so denkt wie ich?.... Wer nur der äusseren Vorzüge wegen sich verehlicht, scheint mir so ein Dummkopf zu seyn, wie der, der ein Mädchen in einer Goldspizhaube heurathet, um eine reiche Parthie zu machen?.... Der Adel ist kein Liebhaber der Ehen, und darum ist er auch der Adel, der gemeine Mann folgt wie gewöhnlich seinem großen Muster, und ein Wunder wenn der Bauer noch ein Beispiel häuslicher Eintracht liefert — aber welcher Städter wird auch wohl einen groben Bauer zum Muster wählen?

Am Ende bleibt es doch dabei, daß auch hier der Arlequin-Tanz bei dem Consistorium anfängt, in der Ehe durch Streitigkeiten fortgesezt und aufgemuntert wird, und am Ende mit der Scheidung, oder wie
alle

alle Marionetten-Komödien mit Prügel schließt.

IX.

Freundschaft.

Heilige Freundschaft! mir zwar keine Freundin, aber doch die Gottheit, deren unsichtbare Macht ich bewundere und verehre, ohne sie gesehen und ohne sie gefühlt zu haben! Du bist die Schwester des gehorsamen Dieners und das Schlußwort iedes Briefes. Dein Entstehen ist bei einem Glas Biere und dein Ende in Noth und Gefahr! Du bist die Kuplerin der Liebe und der Deckmantel der Wohllust, die Entschuldigung der Ganymeden, die Maske der Falschheit, und das Gaukelspiel des niedrigsten Schurken! Du lächelst im Purpur, schleichst in der Kutte, drükst die Hand im Kabinette, küssest den Judaskuß auf die Lippe des Bruders, entehrest und schändest den Leumund des Nächsten und den Jungfernkranz der Unschuld, umschlingst mit einer Hand den Hals deines Lieblings, und stoßest ihm mit der andern den Dolch in das ohne Arg wehrlose Herz.

All mein Suchen um einen Freund war vergeblich und wohl mir! wenn Bekanntschaft und nicht wirklicher Verrath und Feind-

Feindschaft mich in der Hülle dieses Wunder=
thiers getäuschet hätte! Umsonst sucht' ich
ein theilnehmendes Herz für mein so offenes,
umsonst schloß ich ihr einem Busen auf, umsonst
wollt' ich eine Lüke füllen, da meine Begier=
den nach meinem Wesen schmachteten, gegen
das ich Zutrauen, und Ausschüttung der Freu=
de und der Widerwärtigkeit empfinden könn=
te — Was war mein Lohn?... Falschheit,
Undank, Verfolgung, Niederträchtigkeit und
schändliche Verleumdung! Meine Freunde
haben mich **unfreundschäftlich** behandelt, und
Sie vergeben mir diese kleine Rükerinnerung,
die Spuren einer billigen Rache mit sich führt.

Noch bluten die Wunden, die man mir
geschlagen hat, noch fühlt meine Seele die
Uiberbleibsel einer Freundschaft, wie der
blaugeschlagene Rüken die Merkmale einer
nervigten Faust. Unter der Larve, der selbst
aufgedrungenen Freundschaft suchte Be=
trug, Bosheit und Neid mein Verderben,
mir wurden **Lügen, Fehler,** ja sogar **Ver=**
brechen angedichtet, die ich nie begieng,
und nie begehen k o n n t e; bald verkleiner=
te man meine Rechtschaffenheit in Häusern
wo ich wohl gelitten war, oder hintergieng
mich mit falschen Nachrichten, daß ich mich
trennen mußte, und getrennet ward. Mei=
ne **Ehre,** mein **Verstand,** mein **Vermögen,**
selbst meine **Gesundheit** wurden zum Spiele
des Plaudermaules junger Buben, die ihren

Vor=

Vortheil zu finden glaubten in dem Sturze eines Jünglings, der ihnen durch deutsche Redlichkeit über den Kopf zu wachsen schien und den sie nur durch List und Kabale zu stürzen vermochten. So mancher Zirkel, der mich vorhin liebte, haßt mich vielleicht, verachten wird mich keiner, wenn ich ihm alles aufdecke, wie man mich hintergangen hat.

Bevor der Tod mein Auge schließt, soll mein Herz und Mund sich öffnen, und ich hoffe zuversichtlich, daß Thränen der Reue aus Augen fließen werden, die nun hintergangen, wie ich, nur angedichtete Fehler aufbürten an mir! . . . .

Ich fodre sie auf, diese Elenden, mir öffentlich zu beweisen, was Sie heimlich wider mich zu behaupten naseweiß genug sind! Ich brandmarke hier vor dem Publikum jeden mit dem Namen eines Schurken, der mir eine unehrliche That beweisen will, und schwöre es zu Gott, daß ich dem freundschaftlichen Afterfreunde, den ich in Hinkunft entdeke, seine Theatralische Arlequins-Jake so zerklopfen werde, wie es mir meine Genugthuung erlaubt und die Geseze nicht verbieten können.

X.

X.
Toleranz.

Wien hat es unstreitig Joseph Dem Geliebten zu verdanken, daß er es zu seiner Pflicht hinwies, aber Wien darf darauf noch nicht stolz seyn, daß es diese Pflicht so schlecht als möglich erfüllet.

Toleranz ist nur die Freundschaft gegen seine Mitbrüder, die der Schöpfer uns stillschweigend anbefiehlt, aber leider! wird Sie so wie ihre Vorgängerin zur Arlequinade.

Ist es wohl Toleranz wenn. . . . . .
oder. . . . .
Ich wäre nicht so tolerant, zu schweigen, wenn die Zensur toleranter wäre, mir meinen Mund übergehen zu lassen, von dem mein Herz voll ist. Doch es sey! Man weiß ja, was ich sagen wollte? . . . Alle Zeitungen blasen ihren Ruhm in die Welt hinaus, als wenn es so was Grosses wäre, wenn Wien einmal menschlich wird, und das Ausland es erwiedert? . . . .

Toleriren heißt in meinem Wörterbuche Dulden leiden und übertragen — Ist es nicht noch eine Frage, ob die Tolerirten nicht manchmal mehr leiden als die Toleranten? . . . . Zu was wohl also das Gelärme einer That, die Schuldigkeit eines Volkes ist, das unter einem weisen Szepter seiner

Aufklärung sich nähert? .... Zu was der Schnikschnak von Ausbreitung, wo die Vollziehung ein Befehl ist, den wir befolgen müssen, wenn wir Menschen sind?... Es ist schändlich, mit guten Werken zu pralen und unverantwortlich lächerlich, das zur Ehre sich zu rechnen, was uns geboten ist. — Wehe dem Mönchthume, das uns die Augen der Vernunft verband, und die Herzen härtete gegen unsere Brüder, aber dreifach wehe dem Herzen, das eines höheren Befehles bedurfte, Liebe und Duldung für ein Geschöpf zu empfinden, das eine Sonne, eine Erde und einen G o t t mit uns hat, und das nur Meinungen von uns trennten! Pfui den Prahlhansen der Aufklärung, die da einen mächtigen Schritt gethan zu haben glauben, wenn sie izt erst das erfüllten, was zu thun schon lange ihre Pflicht gewesen wäre?.... Allgemeine Lache dem Neumodischen Schwärmer, der nicht weiß, daß dem Christen die Menschenliebe ins Herz gegraben ist?

So ist denn also auch diese Pflicht zur Arlequinade geworden, die man gleich den Dorfkomödien a u s t r o m m e l n läßt.

* *
*

Hiemit wär also das Bändchen Arlequinaden fix und fertig, und nur noch eine Lehre hintenan zu sezen, die mit aller Aufrichtigkeit eines Autors eingestanden, mir nicht zugehört, und auf meinem Grund und Boden nicht gewachsen ist.

Mich.

Möchten die buntschäkigten Arlequine, aller Art und jeder Kapriole, die ich hier zu berühren vergaß, folgende Stellen aus Shakespears Hamlet wohl überlegen, auswendig lernen und sich bessern.

„Denen, die eure Lustigmacher vorstellen
„sollen, schärfet ein, daß sie nicht mehr sagen,
„als in ihrer Rolle steht: denn es giebt einige
„unter ihnen, die sich selbst einen Spaß da-
„mit machen wollen, daß sie eine Anzahl alber-
„ner Zuschauer zum Lachen bringen, wenn
„gleich in dem nämlichen Augenblike die
„Aufmerksamkeit auf eine wichtige Stelle des
„Stüks geheftet seyn sollte. Das ist etwas
„Abscheuliches, und zeigt eine erbärmliche Art
„von Einbildung an dem Narren, der es so
„macht!„

* * *

Ob es wohl bei Shakespears Zeiten auch, ausser dem Theater, so viel Arlequine gegeben hat????

Inhalt.

I. Religion. 5
II. Philosophie. . . . 11
III. Schauspielkunst. . . 16
IV. Singerei. . . . 25
V. Autorsucht. . . . 32
VI. Rezensionen. . . . 35
VII. Empfindelei. . . 37
VIII. Ehen. 39
IX. Freundschaft. . . . 42
X. Toleranz. . . . 45